tante ema

Advent & Weihnachten

Festlich schöne Näh-Ideen

OZ creativ

Inhalt

Lasst uns froh und munter sein 6

Festlicher Lichterglanz
Lichterschlange 8

Plätzchenduft liegt in der Luft
Plätzchenkörbchen 10

Hunderte kleiner Sternchen ...
Tischläufer 12

Mmmmh, das Essen ist gleich fertig!
Tischset 14

Tannenwäldchen der besonderen Art
Deko-Tannenbäume 16

Stühle dürfen auch erstrahlen!
Stuhlgirlande 18

Am Weihnachtsbaum die Lichter brennen 20

Oh weh, welche soll ich nähen?
Baumanhänger 22

Schön von oben bis unten!
Sternenbaumuntersetzer 24

Kugeln aus Stoff? Ja, das geht!
Stoffkugeln 26

Sternenhimmel für das Sofa
Sternkissen 28

Genussvoll entspannen im Tannenwald
Kissen mit Bäumen 30

Alle Jahre wieder 32

Für süße Gläschen
Mützen für Gläser 34

Manchmal muss es etwas mehr sein
Geschenksäckchen 36

Für heimliche Christkinder
Spitztüten 38

Warme Hände, aber mit Chic!
Armstulpen 40

Vom Winter träumen
Schal mit Pompons 42

Ihr Kinderlein kommet 44

Leuchtende Augen jeden Tag
Adventskalender 46

Wart Ihr auch alle brav?
Weihnachtsstiefel 48

Zeit zum Träumen
Tannenbaumkissen 50

Kuschelig warm für kalte Tage
Hausschuhe 52

Weihnachten ist schon fast da!
Kinderweste 54

Material & Werkzeuge 56

Grundbegriffe des Nähens 57

Nähtechniken 58

Weihnachten liegt in der Luft!

In diesem Buch stelle ich Ihnen nun meine allerliebsten Näh-Ideen für die Advents- und Weihnachtszeit vor. Und damit auch die Stoffe perfekt zu den Schnitten passen, habe ich speziell dafür neue „tante ema"-Designs in vielen Lieblingsfarben entworfen!

Sie finden hier alles für den festlichen Adventstisch: Tischläufer, Körbchen für die Plätzchen – vorausgesetzt, die kleinen Mäuse haben in der Küche nicht schon alles leer genascht! – und den passenden Lichterschmuck. Die einzelnen Modelle lassen sich miteinander kombinieren zu einem beeindruckenden Gesamtkunstwerk. Dazu gehören natürlich auch die Stühle, die in diesem Jahr mit einer entzückenden Girlande zum Hinsetzen und Verweilen einladen und aus jedem noch so spontanen Kaffeekränzchen ein Erlebnis machen, an das man sich gerne erinnert!

Ganz festlich wird es mit Anhängern in verschiedenen Formen für den Christbaum, sogar Kugeln aus Stoff sind dabei – wer hätte gedacht, dass man die auch nähen kann? Auch an den Platz unter dem Weihnachtsbaum habe ich gedacht: Ein großer Stern schmückt den Boden und fängt die Tannennadeln auf. Ganz praktisch und typisch „tante ema"!

Aber was wäre Weihnachten ohne Geschenke! Und weil Selbstgemachtes besonders von Herzen kommt, habe ich mir warme Sachen für die kalten Tage einfallen lassen, die garantiert jedem eine Freude bereiten. Sogar der Weihnachtsmann wird fündig, wenn er einen großen Sack sucht, in den alle Geschenke, die er verteilen darf, hineinpassen.

Für unsere Allerliebsten, die Kleinen, fängt die spannende Zeit natürlich schon viel früher an! Die Säckchen für den Adventskalender bringen den ersten Vorgeschmack. Der Nikolausstiefel verbirgt leckere Naschereien, auch für nicht immer ganz so brave Kinder! Und damit kein Augenstern zu Hause frieren muss, habe ich auch an warme Hausschuhe und eine süße Weste gedacht.

Habe ich Sie neugierig gemacht? Womit fangen Sie wohl an? Die Weihnachtszeit ist immer viel schneller da, als man denkt!

Beim kreativen Nähen wünsche ich Ihnen viel Freude!
Mit vielen weihnachtlichen Grüßen

Ihre *tante ema*
alias Emanuela Pesché

Lasst uns froh und munter sein

Nirgends trifft sich die Familie in der Weihnachtszeit so oft wie rund um den Tisch. Beim Adventskränzchen, zum Nikolausfest und schließlich auch an Weihnachten. Da soll der Tisch natürlich festlich geschmückt sein und diese besondere Stimmung verbreiten, die wir alle so sehr lieben!

Festlicher Lichterglanz

Ganz praktisch mit Teelichtern zu befüllen und doch etwas wirklich Feines! Wenn man diese Lichter aufstellt, beginnt die Zeit der leuchtenden Augen!

Lichterschlange ★ **Größe:** ca. 76 x 7 cm

Material

- Baumwollstoff, 80 x 20 cm
- Futterstoff in Weiß, 80 x 20 cm
- Baumwollspitze in Weiß, 1,5 cm breit, 160 cm
- 9 Teelichtgläser, 7 cm hoch, 5,5 cm Ø
- 9 Teelichter

Zuschneiden

- Baumwollstoff, 2x 80 x 8 cm
- Futterstoff, 2x 80 x 8 cm

Für andere Gläsergrößen die Zuschnitte anpassen.

Nähen

Die beiden Stoffstreifen, Baumwollstoff und Futter, jeweils an einer Schmalseite rechts auf rechts zusammennähen, so dass zwei Streifen von 160 cm Länge entstehen. Nun den Baumwoll- und den Futterstreifen rechts auf rechts legen und rundherum mit einer etwa 0,5 cm breiten Nahtzugabe zusammennähen, dabei ungefähr in der Mitte eine 10 cm breite Öffnung zum Wenden berücksichtigen. Den Streifen wenden, die Wendeöffnung von Hand zusammennähen und den Streifen bügeln.

Anschließend die beiden kurzen Enden zusammennähen und knappkantig absteppen.

Von Hand am oberen Rand die Spitze annähen. Den zusammengenähten Streifen aufeinanderlegen und neun gleichmäßige Abschnitte im Abstand von 10 cm anzeichnen und absteppen. Den Streifen dabei am besten so legen, dass der erste Abschnitt auf einer Naht liegt.

Jeden Abschnitt mit einem Gläschen und Teelicht bestücken.

Tipp

Nähen Sie gleich mehrere Lichterketten und dekorieren Sie diese schlangenförmig auf dem Tisch für eine noch gemütlichere Weihnachtsstimmung.

Plätzchenduft liegt in der Luft ...

... und in diesem süßen Körbchen bleibt bestimmt kein einziges Plätzchen liegen! Kein Lieblingsrezept, das hier nicht besonders gewürdigt wird!

Plätzchenkörbchen ★ **Größe:** ca. 20 x 16 x 5 cm ★ **Vorlage** 1

Material

- Baumwollstoff außen, 60 x 40 cm
- Baumwollstoff innen, 40 x 30 cm
- Vlieseline S320, 40 x 40 cm
- Volumenvlies H640, 40 x 40 cm
- Baumwollspitze in Weiß, 1,5 cm breit, 160 cm

Zuschneiden

- Baumwollstoff außen, 33 x 29 cm
- Baumwollstoff außen, 8x 18 x 3 cm, für die Bänder
- Baumwollstoff innen, 33 x 29 cm
- Vlieseline, Volumenvlies, je 35 x 35 cm

Nähen

Zunächst die acht Schnürbänder nähen. Dazu jeden Stoffstreifen links auf links mittig falten, die Schnittkanten 0,5 cm breit nach innen falten und die Kanten bügeln. Dann das Band rundum knappkantig absteppen.

Den äußeren Stoff für das Körbchen mit Vlieseline verstärken. Die Stoffe für außen und innen rechts auf rechts legen und das Volumenvlies darunterlegen.

Die Vorlage übertragen und alle Stofflagen zusammen ausschneiden.

Vor dem Nähen pro Ecke zwei Bänder zwischen den beiden Stoffen an der kurzen Seite des Ecks nach innen feststecken.

Nun alles zusammennähen, dabei eine 4 cm breite Öffnung zum Wenden berücksichtigen. Den Stoff wenden und bügeln. Den Rand knappkantig absteppen, dabei wird auch die Wendeöffnung geschlossen.

Die Baumwollspitze auf der Außenseite mit Zickzack-Stichen festnähen und versäubern. Das Plätzchenkörbchen erneut bügeln und die Enden der Bänder zur Schleife zusammenbinden.

Tipp

Am besten schon vor dem Nähen die Plätzchen in den Ofen schieben und das Körbchen gleich damit füllen! Lecker auch fürs Auge!

Hunderte kleiner Sternchen ...

... glitzern auf dem festlichen Tisch. Dieser besondere Tischläufer macht Vorfreude auf glänzende Laune und köstliches Essen!

Tischläufer ★ Größe: ca. 120 x 40 cm ★ Vorlage 2

Material

- Baumwollstoff, 130 x 50 cm
- Futterstoff in Weiß, 130 x 50 cm

Zuschneiden

- Baumwollstoff, 124 x 42 cm
- Futterstoff, 124 x 42 cm

Nähen

Den Stoff und das Futter rechts auf rechts zusammenstecken und die Vorlage auf der linken Seite aufzeichnen.

Den Läufer an den aufgezeichneten Linien entlang zusammennähen, dabei eine 10 cm breite Öffnung zum Wenden berücksichtigen.

Vor dem Wenden den Stoff an den Nahtlinien entlang etwa 0,5 cm breit abschneiden und die Ecken bis knapp an die Naht einschneiden.

Den Läufer wenden und bügeln. Die Wendeöffnung schließen. Alles erneut bügeln.

Mmmmh, das Essen ist gleich fertig!

Ein eleganter Platz für das Besteck. Da greift keiner mehr aus Versehen nach der Gabel vom Nachbarn!

Tischset ★ **Größe:** ca. 52 x 33 cm ★ **Vorlage** 3

Material

- Baumwollstoff für den Baum, 40 x 30 cm
- Baumwollstoff für den Schweif mit Baum, 60 x 40 cm
- Futterstoff in Weiß, 60 x 40 cm
- Vlieseline F220, 40 x 30 cm

Zuschneiden

- Baum aus Baumwollstoff und Vlieseline nach Vorlage, an den Tannenbaumspitzen, die aufgenäht werden, keine Nahtzugabe zugeben
- Baumwollstoff für den Baum, 10 x 12 cm für den Besteckeingriff
- Baum mit Schweif aus Baumwollstoff nach Vorlage

Nähen

Den Baumwollstoff für den Tannenbaum mit Vlieseline verstärken. Die Position der Bestecköffnung entsprechend der Vorlage einzeichnen. Das 10 x 12 cm große Stoffrechteck mittig rechts auf rechts auf die eingezeichnete Linie legen. Die Stoffe ober- und unterhalb sowie rechts und links von der angezeichneten Linie mit jeweils 0,5 cm Abstand zur Linie hin absteppen. Das ergibt ein Rechteck, 11 x 13 cm groß. Beide Stoffe an der angezeichneten Mittellinie einschneiden. Die Ecken von der Mittellinie aus schräg einschneiden. So entstehen an den kurzen Seiten kleine Dreiecke. Nun den Stoffstreifen auf die linke Seite wenden. Die Öffnung auf der rechten Seite über der Naht absteppen und danach unbedingt bügeln.

Den Tannenbaum laut Vorlage sehr genau mit Stecknadeln auf dem Oberstoff feststecken und mit Zickzack-Stichen festnähen. Oberstoff und Futter rechts auf rechts legen und rundherum zusammennähen, dabei eine Öffnung von 5 cm zum Wenden berücksichtigen.

Den überstehenden Stoff an den Nahtlinien entlang in etwa 0,5 cm Breite abschneiden und an den Ecken bis fast an die Nahtlinie einschneiden.

Das Tischset wenden, die Wendeöffnung schließen und das Set bügeln.

Tannenwäldchen der besonderen Art

Liebevoll genäht sind diese Tannenbäume der absolute Hingucker, nicht nur auf dem Tisch! Was, die hast Du wirklich selbst gemacht?

Deko-Tannenbäume ★ Größen der Anhänger: ca. 25 x 26 cm und 14 x 14 cm ★ Vorlagen 4

Material

Großer Baum
- Baumwollstoff, 90 x 60 cm
- Füllwatte, 200 g

Kleiner Baum
- Baumwollstoff, 60 x 40 cm
- Füllwatte, 30 g

Zuschneiden

Großer Baum
- Baumwollstoff, 2x 90 x 30 cm

Kleiner Baum
- Baumwollstoff, 2x 60 x 20 cm

Nähen

Stoffe rechts auf rechts zusammenlegen und je drei Bäume nach der jeweiligen Vorlage zuschneiden.

Die drei Tannenbäume jeweils zusammennähen, dabei unten an zwei Stellen 4 cm zum Wenden und Stopfen frei lassen, wenden und sehr glatt bügeln.

Die drei Bäume aufeinanderlegen und mit Stecknadeln zusammenstecken. Von oben nach unten alle drei Bäume zusammennähen. Dann die Bäume von unten fest mit Watte ausstopfen. Dabei darauf achten, dass die Spitzen gut gefüllt sind.

Zum Schluss die Öffnungen mit Blindstich zusammennähen.

Tipp

Auf Wunsch können Sie noch Pompons auf die Tannenspitzen nähen.

Stühle dürfen auch erstrahlen!

Die Mühe lohnt sich! Wer hat da nicht Lust, Platz zu nehmen und sich wie zu Hause zu fühlen?

Stuhlgirlande ★ Größen der Anhänger: ca. 8 x 8 cm ★ Vorlagen 5

Material

Für alle Anhänger
- Verschiedene Baumwollstoffe, 20 x 10 cm
- Satinband in Rot, 6 mm, 30 cm
- Füllwatte

Spitzer und ovaler Anhänger
- Baumwollstoff in Weiß, evtl. Rot, 10 x 5 cm
- Zackenlitze in Rot und Weiß, Breite ca. 1 cm, je 50 cm
- Zackenlitze in Rot und Weiß, Breite ca. 0,7 mm, je 50 cm

Geflochtene Kordel
- 3 verschiedene Stoffe, je 100 x 10 cm
- Kordel in Rot, 140 cm

Zuschneiden

- Pro Anhänger den Stoff mittig rechts auf rechts falten, Anhänger nach Vorlage
- Ovaler und spitzer Anhänger: weißer Baumwollstoff: 5 x 3 cm, siehe Vorlage
- Kordel: pro Stoff: 100 x 4 cm

Nähen

Für den spitzen und den ovalen Anhänger auf der rechten Seite das weiße Stoffstück, siehe Vorlage, mit kleinen Zickzack-Stichen aufnähen. Auf der rechten Seite die schmale und breite Zackenlitze laut Vorlage annähen.

Bei allen Anhängern das Satinband zur Schlaufe falten und in der oberen Mitte zwischen Vorder- und Rückseite feststecken. Die Bandenden liegen aufeinander und zeigen nach innen. Das Band mit Handstichen fixieren. Den Anhänger entlang der aufgezeichneten Linie mit kleinen Stichen zusammennähen, dabei unten eine Öffnung zum Wenden berücksichtigen.

Den Stoff bis auf 0,5 cm zur Nahtlinie kürzen, an den Ecken mit einer Schere bis knapp vor die Nahtlinie einschneiden. Die Anhänger wenden und bügeln, mit Watte befüllen und die Öffnung von Hand mit Blindstich zunähen.

Für die Kordel die drei Stoffstücke jeweils rechts auf rechts legen, an der Längsseite zusammennähen und mit einem Holzstab wenden. Die Enden von Hand zusammennähen. Die Bänder flechten und an den Enden jeweils noch die rote Kordel mit einem Knoten befestigen. Die rote Kordel in der Mitte teilen und die Enden mit einem Knoten verschließen. Je nach Stuhlgröße kann nun die Länge variiert werden.

Am Weihnachtsbaum die Lichter brennen

Nicht nur die Lichter glitzern und leuchten! Ja, das Weihnachts-zimmer wird in diesem Jahr nicht nur festlich funkeln, sondern auch ganz kuschelig und gemütlich werden!

Oh weh, welche soll ich nähen?

Bei diesen Baumanhängern fällt die Entscheidung wirklich schwer! Also am besten gleich ganz viele machen! Denn nicht nur auf dem Baum ist jede Menge Platz!

Baumanhänger ★ Größe: ca. 10 cm ★ Vorlagen 6

Material

Für alle Anhänger
- Baumwollstoff, 30 x 20 cm
- Satinband in Rot, 6 mm, 20 cm
- Füllwatte

Für den spitzen Anhänger zusätzlich
- Baumwollstoff in Rot, 10 x 5 cm
- Zackenlitze in Rot, Breite ca. 1 cm, 30 cm
- Zackenlitze in Rot, Breite ca. 0,7 cm, 30 cm

Zuschneiden

- Stoff jeweils rechts auf rechts legen, nach Vorlage

Nähen

Für den spitzen Anhänger auf der rechten Seite das rote Stoffstück, siehe Vorlage, mit kleinen Zickzack-Stichen aufnähen. Auf der rechten Seite die schmale und breite Zackenlitze laut Vorlage annähen.

Bei allen Anhängern das Satinband zur Schlaufe legen und zwischen den Stoffteilen an den eingezeichneten Stellen feststecken. Das Band evtl. mit Handstichen fixieren.

Die Anhänger entlang der aufgezeichneten Linie mit kleinen Stichen zusammennähen, dabei unten eine Öffnung zum Wenden berücksichtigen.

Den Stoff an den Nahtlinien entlang in etwa 0,5 cm Breite zurückschneiden, an den Ecken mit einer Schere bis knapp vor die Nahtlinie einschneiden. Die Stoffe wenden und bügeln.

Die Anhänger mit Watte füllen und die Öffnung von Hand mit Blindstich zunähen.

Schön von oben bis unten!

Diese Decke fängt nicht nur die Tannennadeln auf, sie freut sich auch auf alle Geschenke, die unter den Ästen versteckt werden wollen!

Sternenbaumuntersetzer ★ Größe: ca. 85 x 85 cm ★ Vorlagen 7

Material

- Baumwollstoff für den großen Stern, 90 x 80 cm
- Baumwollstoff für den mittleren Stern, 40 x 40 cm
- Baumwollstoff für die Mini-Sterne, 30 x 20 cm
- Futterstoff in Weiß, 90 x 80 cm

Zuschneiden

- Großer Stern: je 1x aus Baumwoll- und Futterstoff nach Vorlage
- Mittlerer Stern: 1x aus Baumwollstoff, ohne Nahtzugabe
- Je Mini-Stern, 10 x 10 cm

Nähen

Mit den sechs kleinen Sternen beginnen. Pro Mini-Stern zwei Stoffstücke rechts auf rechts legen, die Vorlage auf einer Seite genau übertragen, den Stoff feststecken und zusammennähen. Dabei die Öffnung zum Wenden berücksichtigen. Den überstehenden Stoff an den Nahtlinien entlang in etwa 0,5 cm Breite zurückschneiden und in den Ecken bis knapp an die Nahtlinie einschneiden. Sternchen wenden und bügeln.

Den mittleren Stern auf der rechten Seite des großen Sterns mittig feststecken, mit engen Zickzack-Stichen aufnähen, bügeln.

Die sechs kleinen Sterne so an die Spitzen des großen Sternes (auf die rechte Seite) heften, dass die Sterne zur Mitte zeigen und innen auf den Sternspitzen liegen. Dann den Futterstoff mit der rechten Seite auflegen und alles zusammennähen. Dabei darauf achten, dass die Mini-Sterne nur an den Spitzen mit eingenäht werden. Eine Öffnung von 6 cm zum Wenden berücksichtigen. Die Decke wenden, bügeln und die Öffnung zunähen.

Tipp

Sie können diesen Stern auch schön als Mitteldecke für den Tisch verwenden. Ist die Decke für Ihren Baum zu klein, können Sie die Vorlage beliebig vergrößern.

Kugeln aus Stoff? Ja, das geht!

Weshalb müssen Kugeln eigentlich immer aus Glas sein? Hier ist die bruchsichere Variante! Diese Kugeln schmücken nicht nur Kranz und Tannenbaum, sondern gelangen auch im Paket sicher zu allen Freunden!

Stoffkugeln ★ Größe: ca. 7 x 7 cm ★ Vorlage 8

Material

Für eine Kugel
- Baumwollstoff, 20 x 30 cm
- Vlieseline F 220, 20 x 30 cm
- Satinband, 6 mm, 15 cm
- Füllwatte

Zuschneiden

- Vlieseline auf dem Stoff fixieren, dann pro Kugel
  4x nach Vorlage

Nähen

Je zwei mit Vlieseline beklebte Stoffstücke rechts auf rechts mit 0,5 cm Nahtzugabe zusammennähen. Satinband zur Schlaufe falten und an einem der beiden Teile oben mit ein paar Handstichen fixieren. Die zwei Halbkugeln rechts auf rechts an den verbliebenen Stellen zusammennähen und eine Öffnung von 1,5 cm zum Wenden berücksichtigen. Die Stoffe wenden. Die Kugel fest mit Füllwatte ausstopfen und die Öffnung mit Blindstichen von Hand zunähen.

Tipp

Nähen Sie gleich mehrere Kugeln und vergrößern oder verkleinern Sie die Stoffkugeln nach Belieben!

Sternenhimmel für das Sofa

Endlich frei, endlich zurücklehnen. Am besten auf ein ganz bequemes Kissen, das zum Lockerlassen einlädt!

Sternkissen ★ **Größe:** ca. 40 x 40 cm ★ **Vorlage** 9

Material

- Baumwollstoff 1, 70 x 60 cm
- Baumwollstoff 2, 50 x 20 cm
- Baumwollstoff 3, 50 x 20 cm
- Füllwatte
- 6 Pompons in Weiß
- Knopf, ca. 2 cm Ø
- Fleece, Reststück

Zuschneiden

- Pro Stoff je 2 Rauten nach der Vorlage
- Rückseite aus Baumwollstoff 1 nach der Vorlage

Nähen

Je drei verschiedenfarbige Rauten mit 0,5 cm Nahtzugabe so zusammennähen, dass zwei gleiche Teile entstehen. Die Nähte auseinanderbügeln. Nun die beiden Teile an der geraden Seite zusammennähen und anschließend die Nähte auseinanderbügeln.

Vorderseite und Rückseite rechts auf rechts aufeinanderlegen und mit 0,5 cm Nahtzugabe zusammennähen. Eine Öffnung von 4 cm zum Wenden berücksichtigen. Den Stern wenden, bügeln und mit Füllwatte ausstopfen. Die Wendeöffnung mit Blindstichen von Hand zunähen.

Den Knopf mit Fleece beziehen und in der Mitte des Sterns aufnähen. An den Sternspitzen Pompons annähen.

Tipp

Vergrößern oder verkleinern Sie die Vorlage und nähen Sie sich so einen Sternenhimmel für Ihr Sofa!

Genussvoll entspannen im Tannenwald

Einen Tag auf dem Sofa verbringen? Wer wünscht sich das nicht ab und zu! Hier kann man sich das passende Kissen dazu nähen!

Kissen mit Bäumen ★ Größe: ca. 60 x 40 cm ★ Vorlagen 10

Material

- Baumwollstoff für das Kissen, 90 x 70 cm
- Baumwollstoff Baumapplikation 1, 20 x 20 cm
- Baumwollstoff Baumapplikation 2, 30 x 30 cm
- Baumwollstoff Baumapplikation 3, 20 x 20 cm
- Baumwollstoff Baumapplikation 4, 20 x 20 cm
- Vlieseline F220, 60 x 50 cm
- Reißverschluss in Weiß, ca. 40 cm lang
- Kissen-Inlett, 40 x 60 cm

Zuschneiden

- Stoff für das Kissen: 84 x 62 cm
- Vlieseline F 220 auf die vier Stoffstücke für die Baumapplikationen aufbügeln. Die Tannenbäume auf der linken Stoffseite nach Vorlage übertragen und sehr genau ohne Nahtzugabe zuschneiden.

Nähen

Den Stoff für den Kissenbezug links auf links zusammenfalten. Die Bäume auf einer Seite der Abbildung entsprechend feststecken. Den Stoff auseinanderfalten und die Bäume mit engen Zickzack-Stichen aufnähen.

Die unteren Kanten des Kissenbezuges rechts auf rechts aufeinanderstecken. Die Naht an der unteren Kante mit 2 cm Nahtzugabe von den Seiten ausgehend jeweils 11 cm weit schließen, dazwischen bleibt eine 40 cm große Öffnung für den Reißverschluss. Die Nahtzugaben auseinanderbügeln und die Stoffkanten an der Reißverschlussöffnung 2 cm breit nach links umbügeln, den Bezug wenden.

Den Reißverschluss so unter die Öffnung heften, dass die umgebügelten Kanten über den Zähnchen aneinanderstoßen. Dann den Reißverschluss mit dem Reißverschlussfuß der Nähmaschine rundum füßchenbreit einnähen. Den Reißverschluss öffnen, das Kissen auf links wenden und die Seitenkanten rechts auf rechts aufeinander stecken und mit 1 cm Nahtzugabe zusammennähen. Das Kissen wenden, bügeln und mit dem Inlett füllen.

Alle Jahre wieder ...

Weihnachten ist die Zeit der Familie, der Freunde und der Geschenke. Jetzt zeigen wir all unseren Lieben in besonderer Weise, was wir für sie empfinden. Was gibt es da Schöneres als ein Geschenk, in das wir all unsere Liebe genäht haben?

Für süße Gläschen

Wie kann man in der Adventszeit die selbstgemachte Marmelade oder kleine Leckereien schöner verpacken?

Mützen für Gläser ★ Größe: ca. 17 x 7 cm, passend für Gläschen mit ca. 7 cm Ø ★ **Vorlage** 11

Material

- Baumwollstoff, 30 x 20 cm
- Fleece in Weiß, 30 x 10 cm
- Pompon in Weiß, 2 cm

Zuschneiden

- Baumwollstoff nach Vorlage
- Fleece, 25 x 6 cm

Nähen

Den Fleecestreifen längs zusammenlegen. Die offene Kante rechts auf rechts auf die untere Kante des Mützenzuschnitts legen und Fleece und Stoff zusammennähen.

Das Fleece nach unten klappen und entlang der Naht knappkantig absteppen. Die Mütze rechts auf rechts legen und die Seitennaht schließen. Den Pompon festnähen und nur den Stoff bügeln.

Tipp

Gleich mehrere Mützen nähen und schon haben Sie im Handumdrehen süße Mitbringsel zum Adventskaffee!

Manchmal muss es etwas mehr sein

In dieses Säckchen passt ganz viel rein! Das wissen echte Weihnachtsmänner und –frauen zu schätzen!

Geschenksäckchen ★ **Größe:** ca. 50 x 60 cm

Material
- Baumwollstoff außen, 130 x 60 cm
- Baumwollstoff innen, 130 x 60 cm
- Baumwollspitze in Weiß, 120 x ca. 3,5 cm
- Dicke Baumwollkordel, 70 cm

Zuschneiden
- Beide Baumwollstoffe: 122 x 52 cm

Nähen

Jeden Stoff mittig rechts auf rechts zusammenlegen und an der Längsseite mit einer 1 cm breiten Nahtzugabe zusammennähen. Beim äußeren Stoff die unteren Ecken eventuell etwas abschrägen.

Die Baumwollspitze auf die rechte Seite des Außenstoffes legen, so dass die untere Kante der Baumwollspitze an der Stoffkante liegt. Spitze und Stoff zusammennähen.

Die beiden Taschen rechts auf rechts ineinanderstecken und mit Stecknadeln fixieren. Die Längsnähte sollten dabei genau aufeinanderliegen. Die obere Kante auf der linken Stoffseite mit eine 0,5 cm breiten Nahtzugabe zusammennähen, dabei eine Wendeöffnung von 6 cm berücksichtigen.

Die Säckchen wenden, ineinanderstecken und bügeln. Die obere Naht knappkantig von außen absteppen, dabei wird auch die Wendeöffnung geschlossen. Die Baumwollkordel lose zum Schließen verwenden.

Für heimliche Christkinder

Je kleiner die Tüte, umso größer die Überraschung! Ob Geschenk oder als Dekoration, die Frage ist doch: „Was ist da wohl drin?"

Spitztüten ★ Größe: ca. 23 x 16 cm und ca. 18 x 13 cm ★ Vorlage 12

Material

Große Tüte
- Baumwollstoff, 40 x 40 cm
- Vlieseline 248, 40 x 40 cm
- Futterstoff, 30 x 40 cm
- Baumwollspitze in Weiß, 40 cm

Kleine Tüte
- Baumwollstoff, 40 x 30 cm
- Vlieseline 248, 40 x 30 cm
- Futterstoff, 30 x 20 cm
- Baumwollspitze in Weiß, 40 cm

Zuschneiden

- Vlieseline aufbügeln, nach Vorlage zuschneiden

Für den Griff
- Baumwollstoff: 32 x 6 cm bzw. 25 x 5 cm
- Vlieseline: 32 x 3 cm bzw. 25 x 2,5 cm

Nähen

Zuerst den Griff nähen. Dazu den Stoffstreifen längs rechts auf rechts falten, die Einlage darunterlegen und die Längsseite mit einer Nahtzugabe von 0,5 cm zusammennähen. Den Schlauch mit einem Holzstab wenden und glatt bügeln. Den Griff entsprechend der Vorlage positionieren und auf beiden Seiten rechts auf rechts festnähen.

Die Baumwollspitze etwa 2 cm unterhalb der Oberkante auf dem Außenstoff feststecken und annähen.

Baumwollstoff- und Futterstofftüte jeweils rechts auf rechts zusammenlegen, und an der Seitenkante zusammennähen. Dabei beim Futterstoff eine etwa 4 cm breite Wendeöffnung berücksichtigen.

Beide Tüten rechts auf rechts ineinanderstecken, dabei den Griff nach innen legen. Am oberen Rand zusammennähen.

Die Tüte wenden und den oberen Rand knappkantig absteppen.

Warme Hände, aber mit Chic!

Diese süßen Armstulpen wärmen die Hände auf kleinen Strecken auf dem Fahrrad oder beim Stadtbummel. Bloß nicht im Café liegen lassen, sonst sind sie bestimmt gleich weg!

Armstulpen ★ **Größe:** ca. 22 x 16 cm ★ **Vorlage** 13

Material

- Fleece, 80 x 50 cm
- Baumwollstoff, 90 x 10 cm
- Vlieseline F220, 10 x 10 cm

Zuschneiden

- Fleece doppelt legen, 2x nach Vorlage
- Herzen nach Vorlage aus Baumwollstoff
- Baumwollstoff für die Rüschen: 2x 40 x 9 cm

Nähen

Die zwei 9 cm breiten Bänder für die Rüschen links auf links legen, in der Länge mittig falten und an den offenen Kanten zusammennähen und versäubern. Mit großen lockeren Nähstichen an der Nahtkante entlang nähen und das Band einkräuseln.

Die Herzen mit Vlieseline verstärken, mit Stecknadeln laut Vorlage auf zwei gegengleichen Fleecestücken feststecken und mit engen Zickzack-Stichen aufnähen.

Nun pro Stulpe zwei gegengleiche Fleecestücke rechts auf rechts aufeinanderlegen, davon eins mit Applikation, und an der Außenseite mit 1 cm Nahtzugabe zusammennähen.

Das Rüschenband rechts auf rechts mit 1 cm Nahtzugabe am oberen Fleecerand annähen.

Die Innenseite der Stulpen mit zwei Nähten mit 1 cm Nahtzugabe schließen: zuerst das Rüschenband bis zur Daumenöffnung, dann die Außennaht ab Daumen. Die kurze Kante des Rüschenbandes versäubern.

Die Armstulpen wenden. Das Fleece 0,5 cm von der Rüsche entfernt auf der rechten Fleeceseite absteppen.

Die Öffnung für den Daumen von Hand auf der linken Seite mit Kreuzstichen vernähen. Das Fleece an der Armöffnung 1,5 cm weit umschlagen, mit Stecknadeln abstecken und auf der rechten Seite nach 0,5 cm absteppen.

Vom Winter träumen

Mit diesem kuscheligen Schal stundenlang durch weiße Winterlandschaften wandern ... Ein wundervolles Geschenk für alle Töchter, Mütter, Schwestern und Freundinnen!

Schal mit Pompons ★ **Größe:** ca. 150 x 22 cm

Material
- Baumwollstoff, 160 x 30 cm
- Fleece in Weiß, 160 x 30 cm
- Pomponband in Weiß, 60 cm

Zuschneiden
- Baumwollstoff, 152 x 23 cm
- Fleece, 152 x 23 cm

Nähen

Den Stoff und das Fleece rechts auf rechts legen, mit Stecknadeln zusammenstecken und auf der Fleece-Seite zusammennähen, dabei eine Wendeöffnung von 6 cm berücksichtigen. Den Schal wenden und auf der Stoffseite bei geringer Wärme glatt bügeln. Die Wendeöffnung von Hand zusammennähen. Das Pomponband auf beiden Schmalseiten mit Stecknadeln feststecken und von beiden Seiten knappkantig absteppen.

Tipp

Nähen Sie doch passend dazu auch die Armstulpen und schenken Sie beides als Set einer lieben Person.

Ihr Kinderlein kommet

Die Weihnachtszeit ist die Zeit der Überraschungen! Und damit das Warten aufs Christkind nicht ganz so schwer fällt, gibt es schon jetzt ein paar Kleinigkeiten für die Kleinen und manchmal auch für die Großen!

Leuchtende Augen jeden Tag

Diese Taschen warten nur darauf, mit kleinen Geschenken gefüllt zu werden. Aber an jedem Morgen immer nur eines aufmachen!

Adventskalender ★ **Größe:** jedes Täschchen: ca. 10 x 10 cm ★ **Vorlagen** 14 (Vorlagenbogen und Seite 61)

Material

- Baumwollstoffe in verschiedenen Mustern, je Täschchen 30 x 20 cm
- Futterstoff, 140 x 100 cm für 24 Täschchen
- 24 Klettpunkte
- Textilkleber
- doppelseitiges Klebeband
- Kordel zum Befestigen, 300 cm

Zuschneiden

- Baumwollstoff und Futterstoff nach Vorlage

Nähen

Für jedes Täschchen Baumwollstoff und Futterstoff rechts auf rechts zusammenlegen. An der geraden schmalen Seite zusammennähen, dabei eine Wendeöffnung von etwa 3 cm berücksichtigen.

Die Naht ausbügeln. Von dieser Naht ausgehend 10 cm abmessen und mit Stecknadeln markieren. Dann den Stoff von den Stecknadeln aus nach innen zurückfalten, siehe Abb. 1. Die Stofflagen genau aufeinanderlegen, mit Stecknadeln fixieren und dann die offenen Kanten rundherum zusammennähen, siehe Abb. 2.

Das Täschchen wenden und bügeln. Die gerade Naht knappkantig absteppen, dabei schließt sich auch die Wendeöffnung. Die Taschenklappe 0,5 cm breit absteppen.

Den Klettverschluss an der Lasche und auf der Tasche mit Textilkleber oder mit Handstichen fixieren.

Die Zahlen von der Vorlage (siehe Seite 61) auf festes Papier kopieren, ausschneiden und mit doppelseitigem Klebeband aufkleben.

Die fertigen Taschen füllen, um die Kordel legen und schließen. Die Kordel am gewünschten Platz aufhängen.

Tipp

Fügen Sie zwischen den Adventstäschchen auf der Kordel noch Anhänger oder Schleifen als Dekoration hinzu.

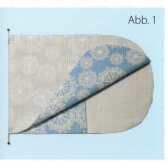
Abb. 1

Abb. 2

Wart Ihr auch alle brav?

Da kriegt sogar der Nikolaus leuchtende Augen und füllt gleich ein bisschen mehr rein! Selbst dann, wenn die Kleinen bei der Antwort ein klein wenig geschummelt haben ...

Weihnachtsstiefel ★ **Größe:** ca. 27 x 24 cm ★ **Vorlage** 15

Material

- Baumwollstoff, 90 x 60 cm
- Fleece, 90 x 60 cm

Zuschneiden

- Bauwollstoff und Fleece: je 2x nach Vorlage

Für die Schlaufe

- Bauwollstoff, 6 x 22 cm

Nähen

Den Baumwollstoff für den Stiefel rechts auf rechts aufeinanderlegen und mit 0,5 cm Nahtzugabe zusammennähen. Auch die Fleecezuschnitte zum Stiefel zusammennähen, dabei beim Fleece eine Öffnung von 5 cm zum Wenden berücksichtigen.

Die beiden Stiefel rechts auf rechts ineinanderstecken und an den Zacken zusammennähen. Stoff und Fleece an den Ecken und Zackenspitzen bis knapp an die Naht einschneiden.

Den Schuh wenden, die Spitzen herausziehen und die Wendeöffnung zunähen.

Den Stoff bei einer nicht zu hohen Temperatur bügeln.

Den Stoffstreifen für die Schlaufe rechts auf rechts legen, mit 0,5 cm Nahtzugabe zusammennähen und mit einem Holzstab wenden, danach glatt bügeln. Die Schlaufe von Hand im Schuh annähen. Die Zackenspitzen von Hand locker an den Stiefel annähen.

Zeit zum Träumen

Schlummern wie vom Weihnachtsmann persönlich behütet! Mit diesen Kissen ist es überall wie zu Hause!

Tannenbaumkissen ★ **Größe:** ca. 36 x 33 cm ★ **Vorlage** 16

Material

- Baumwollstoff, 80 x 40 cm
- Fleece, 160 x 10 cm
- Füllwatte, 210 g

Zuschneiden

- 2x Baumwollstoff nach Vorlage
- Fleece, 160 x 8 cm

Nähen

Die Mitte des Fleecestreifens markieren. Die Bandmitte an der Baumspitze feststecken. Stoff und Fleece rechts auf rechts legen und oben an der Spitze beginnend mit 0,5 cm Nahtzugabe zusammennähen.

Während des Nähens das Fleece mit einer Nadel an den Spitzen des Tannenbaums etwas in Form schieben. Unterhalb des Stammes das Fleeceband mittig zusammennähen. Vorsicht: Nicht zu eng zusammennähen!

Nun die zweite Kissenseite, wieder rechts auf rechts, an das Fleece nähen. Eine Öffnung zum Wenden auf einer Seite des Baumstammes freilassen. Den Tannenbaum wenden und nur auf dem Stoff bügeln.

Das Kissen mit Watte füllen. Die Öffnung mit Blindstichen von Hand schließen.

Kuschelig warm für kalte Tage

Diese Hausschuhe ziehen die Kleinen bestimmt ganz freiwillig an. Da hat der Schnupfen keine Chance mehr!

Hausschuhe ★ **Schuhgröße:** Kindergröße 28 ★ **Vorlagen** 17

Material

- Baumwollstoff, Fleece, Vlieseline, jeweils 50 x 40 cm
- Pompons
- Noppen-Latex

Zusätzlich für die kleinen Schühchen
- Zackenlitze, 22 cm

Zuschneiden

- Vlieseline auf den Baumwollstoff bügeln, Baumwollstoff und Fleece je 2x nach Vorlage

Nähen

Teil A mit Teil B der Baumwollstoffe rechts auf rechts zusammennähen. Dabei liegen die Spitzen aufeinander. Teil A mit einer auf 0,4 cm breiten Naht auf der rechten Seite absteppen.

Die Zackenlitze auf Teil B mit etwa 0,5 cm Abstand zur Schnittkante wie eingezeichnet aufnähen.

Teil C und Teil B jeweils an der eingezeichneten Mitte zusammenstecken und ausgehend von der Mitte beide Teile zur Spitze hin zusammennähen.

In der gleichen Vorgehensweise das Futter mit Einlage zusammennähen, dabei eine Öffnung von 5 cm zum Wenden berücksichtigen.

Außen- und Innenteil rechts auf rechts aufeinanderstecken und zusammennähen. Wenden und die Wendeöffnung schließen.

Die obere Kante knappkantig absteppen. Auf der Schuhspitze von Hand Pompons annähen. Eventuell die Schuhsohle mit Noppen-Latex rutschfest machen.

Tipp

Die Vorlage kann passend zur Schuhgröße beliebig vergrößert werden.

Weihnachten ist schon fast da!

Diese Weste wärmt nicht nur kleine Bäuche, sondern macht Lust auf fantasievolle Spiele. Wer darf dieses Mal der Nikolaus sein?

Kinderweste ★ **Konfektionsgröße:** 104 ★ **Vorlage** 18

Material

- Baumwollstoff, 90 x 50 cm
- Fleece in Rot, 90 x 50 cm
- Schrägband, 300 cm

Zuschneiden

- Vorder- und Rückenteil jeweils aus Baumwollstoff und Fleece nach Vorlage

Nähen

Den Baumwollstoff rechts auf rechts legen. Seiten- und Schulternähte mit 1 cm Nahtzugabe zusammennähen, das Gleiche mit dem Fleece wiederholen.
Bei niedriger Temperatur die Nähte leicht auseinanderbügeln.
Den Stoff und das Fleece links auf links mit Stecknadeln zusammenstecken und rundherum mit Zickzack-Stichen zusammennähen. Alle Kanten mit Schrägband versäubern, auch die Armöffnungen. Die Weste bei geringer Temperatur bügeln.

Material & Werkzeuge

Nähmaschinen-Nadeln

Die zu verwendende Stärke hängt von Stoff- und Garnstärke ab. In den Herstellerangaben der Nähmaschinen sind entsprechende Tabellen zu finden. Generell gilt: Je höher die Nadelnummer, desto dicker die Nadel. Für feinere Stoffe wie Batist, Seide, Tüll und Taft feine Nadeln, für Baumwollstoffe mittelstarke Nadeln und für festere Stoffe wie Deko- und Möbelstoffe stärkere Nadeln verwenden. Nähmaschinennadeln sind Verschleißteile und müssen immer wieder ausgetauscht werden. Wenn der Faden oft reißt oder das Stichbild ungleichmäßig ist, kann dies an einer schadhaften Nadel liegen.

Garne

Bei der Garnwahl stets auf gute Qualität achten, um reißende Fäden, ärgerliche Knoten, Schlaufen und springende Spulen zu vermeiden. Synthetikgarne sind unverwüstlich, werden auch als „Allesnäher" bezeichnet und leisten gerade zum Einstieg gute Dienste. Daneben gibt es Baumwoll- oder feine Seidengarne.

Stecknadeln, Nähnadeln

Stecknadeln sind unverzichtbar zum Fixieren von Stofflagen aufeinander. Tipp: Stecknadeln immer quer zur Nährichtung stecken, dann kann man sie beim Nähen leichter herausziehen. Zum Heften und für Handstiche immer eine Auswahl Universalnadeln bereithalten.

Schneidelineal, Rollschneider, Schneideunterlage

Teile mit geraden Kanten und Streifen lassen sich damit sehr gut und schnell schneiden. Diese verhältnismäßig teuren Anschaffungen lohnen sich aber nur, wenn Sie häufig nähen.

Maßband und Kreide

Das Maßband ist unerlässlich beim Zuschnitt und bei der passgenauen Näharbeit. Mit Schneiderkreide und wasserlöslichen Markierstiften werden die verschiedenen Schnittteile auf den Stoff aufgezeichnet.

Grundmaterial

- Nähmaschine
- passendes Nähgarn
- Heftgarn
- Nähnadeln, Stecknadeln
- Stoffschere
- Papierschere
- Papier, Bleistift
- Lineal
- Maßband
- Schneiderkreide
- Bügeleisen, Bügeltuch
- Schneidunterlage

Hinweis

Um Wiederholungen zu vermeiden, sind die Grundmaterialien in den einzelnen Modell-Anleitungen nicht mehr erwähnt.

Grundbegriffe des Nähens

Stoffbruch
Bei der doppelten Stofflage entsteht eine Faltlinie, die als Stoffbruch bezeichnet wird. Auf einem Schnitt bezeichnet der Stoffbruch die Mitte eines Schnittteils und ist meist als Bruchlinie dargestellt. Dort wird der Stoff gefaltet und die entsprechende Kante des Schnitts ohne Nahtzugabe aufgelegt. An dieser Stelle entsteht keine Naht.

Fadenlauf
Jedes Gewebe besteht aus Kettfäden (längs) und Schussfäden (quer). Der Fadenlauf entspricht der Richtung der Kettfäden und verläuft parallel zur Gewebekante. Der Zuschnitt sollte immer im Fadenlauf erfolgen, damit sich der Stoff nicht verzieht. Falls der Stoff keine Strichrichtung hat, z. B. bei Baumwollstoffen in Leinwandbindung, können Sie, um Stoff zu sparen, auch entlang der Schussfäden schneiden, jedoch niemals schräg dazu.

Waschen und bügeln
Bevor Sie anfangen zu nähen, waschen Sie den Stoff, um späteres Einlaufen zu vermeiden. Den Stoff vor Beginn der Näharbeiten bügeln. Empfindliche Stoffe dabei mit einem sauberen Baumwolltuch bedecken.

Rechte und linke Stoffseite
Jeder Stoff hat eine rechte und eine linke Stoffseite. Die rechte Seite entspricht der Stoffaußenseite. Bei bedruckten Stoffen ist diese leicht zu erkennen, da hier das Muster deutlicher zu sehen ist. Wird ein Stoff rechts auf rechts gelegt, befindet sich die Stoffaußenseite/rechte Seite innen und die („weniger schöne") linke Seite außen. Liegt ein Stoff links auf links, befindet sich die rechte Seite außen und die linke innen.

Nahtzugabe
Wird ein Stoff zu nah an der Kante genäht, reißen Naht und Stoff leicht auf. Deswegen in der Regel beim Zuschnitt eine Nahtzugabe von 1 cm hinzurechnen.

Fadenspannung
Je nach Stoffart muss die Fadenspannung der Nähmaschine reguliert werden, damit keine Garnschlaufen entstehen. Am besten zunächst ein kleines Teststück anfertigen.

Einlagematerial
Dieses Material verleiht Stoffen Form und Halt. Es gibt Vliese in verschiedenen Stärken, zum Aufnähen und auch zum Aufbügeln. Einseitige Bügelvliese haben eine Klebeseite (=linke Vliesseite), die meist etwas rauer ist und leicht glänzt. Diese auf der linken Stoffseite platzieren. Anschließen das Bügelvlies mit einem Bügeltuch abdecken und nach Herstellerangaben aufbügeln. Der Stoff wird dadurch steifer. Angaben zur Bügeltemperatur sind in der Regel auf das Vlies aufgedruckt. Die Verarbeitung von doppelseitigem Bügelvlies finden Sie unter dem Stichwort „Applizieren mit doppelseitigem Bügelvlies".

Stoffmengen
Die Stoffmenge wird bei allen Modellen so angegeben, dass ein Einlaufen der Stoffe von 3–5 % einberechnet ist. Die Breite entspricht entweder dem handelsüblichen Angebot von 140 cm, manchmal auch 150 cm oder es ist nur das tatsächlich benötigte Maß angegeben, damit man auf einen Blick sehen kann, ob auch ein Stoffrest noch ausreicht.

Heften und Stecken

Stoffteile immer zuerst mit Stecknadeln fixieren oder rasch von Hand heften. So können die Stoffteile beim Nähen nicht verrutschen oder Falten werfen. Achtung: Stecknadeln quer zur Nährichtung in den Stoff stecken und beim Nähen Stück für Stück herausziehen, sonst kann die Nähnadel abbrechen.

Nähtechniken

Nahtzugabe versäubern

Damit die Stoffkanten nicht ausfransen, sollten die Nahtzugaben versäubert werden. Hierzu eignet sich der Zickzack-Stich oder ein Overlock-Stich. Falls die beiden Nahtzugaben einer Naht getrennt versäubert werden, geschieht dies, bevor die Naht genäht wird. Falls die Nahtzugaben zusammen versäubert werden, wird zuerst die Naht geschlossen und dann werden beide Kanten mit einer Zickzack-Naht versäubert.

Nähte verriegeln

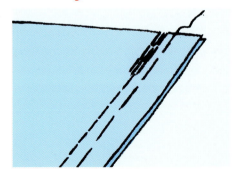

Jede Naht muss am Anfang und Ende vernäht werden, damit sie sich nicht wieder auflöst. Diesen Vorgang nennt man „Verriegeln": Am Nahtbeginn drei bis vier Stiche nähen, dann die Rückwärtstaste drücken und drei bis vier Stiche zurücknähen, dann erneut vorwärts nähen. Das Nahtende mit drei bis vier Rückwärtsstichen sichern.

Verstürzte gerade Naht

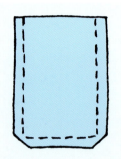

Stoffe „verstürzen" bedeutet, dass die rechten Stofflagen zunächst im Inneren des Nähguts liegen, die Schnittkanten liegen bündig aufeinander. Anschließend wird die Naht mit einem Geradstich geschlossen und das Teil dann gewendet, so dass die rechten Seiten außen liegen, die Nahtzugaben innen. Bei Ecken ist es wichtig, dass die Nahtzugaben vor dem Wenden schräg abgeschnitten werden, damit sie sich nachher besser legen.

Verstürzte Naht: Rundungen

Bei Rundungen die Nahtzugaben vor dem Wenden in kleinen Abständen bis ca. 1 mm vor die Naht einschneiden. So liegt die gebogene Kante nach dem Verstürzen schön flach.

Schrägband: Gerade Kanten einfassen

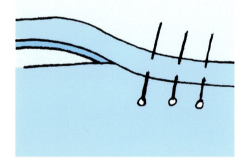

Schrägband ist im Handel bereits vorgefalzt erhältlich. Dieses Band noch einmal zur Hälfte legen und einen Mittelfalz einbügeln. Die Stoffkante an den Mittelfalz des Schrägbandes schieben und zunächst mit Stecknadeln fixieren. Das Schrägband sollte gerade laufen und auf der Stoffvorder- und -rückseite gleich breit liegen. Anschließend das Schrägband feststeppen.

Schrägband: Ecken einfassen

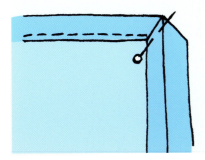

Zunächst die gerade Kante mit vorgefalztem Schrägband einfassen und bis zur Ecke steppen. Dann das Schrägband aufklappen, diagonal falten und feststecken. Die folgende gerade Kante ebenfalls mit Stecknadeln fixieren, dann feststeppen. Bei Rundungen das Schrägband an der Außenkante dehnen und an der Innenkante einhalten.

Spitze annähen

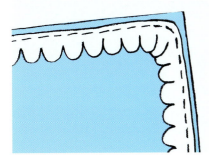

Die Spitze wird rechts auf rechts auf den Stoff gelegt, so dass die gerade Seite der Spitze an der Stoffkante liegt. Dann Spitze und Stoff mit angegebenem Abstand zur Kante zusammennähen, Nahtzugaben versäubern und nach links umbügeln. Zum Schluss den Stoff nach Anleitung absteppen. Bei Rundungen und Ecken die Spitze an der Außenkante einhalten und an der Innenkante dehnen, so dass die Spitze glatt liegt, wenn sie nach außen umgeschlagen wird.

Ecke abnähen

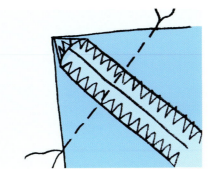

Die entsprechende Ecke so falten, dass an der Spitze ein Dreieck entsteht, bei dem die Naht die Mitte bildet. Dieses Dreieck quer zur bestehenden Naht absteppen. In der Anleitung ist immer die Höhe des abzunähenden Dreiecks angegeben, die entlang der bestehenden Naht gemessen wird.

Doppelter Einschlag mit Zugband

Der doppelte Einschlag, auch als Saum bezeichnet, ist ein sauberer, abgesteppter Abschluss von offenen Stoffkanten. Die Stoffkante wird zunächst einmal in der gewünschten Breite nach hinten umgeschlagen, gebügelt, ein weiteres Mal umgeschlagen und erneut flach gebügelt. Anschließend wird der Saum entlang der Bruchkante von links festgesteppt.

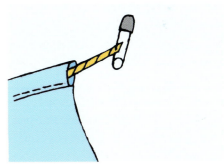

Zum Hindurchziehen durch den doppelten Einschlag das vordere Ende des Zugbandes mit einer kleinen Sicherheitsnadel versehen, das andere Ende ebenfalls mit einer Sicherheitsnadel außerhalb des Tunnels feststecken. Das vordere Ende in den Tunnel einfädeln und von außen mit schiebenden Handbewegungen hindurchführen, bis es am anderen Ende wieder herausschaut. Die beiden Sicherheitsnadeln lösen.

59

Beidseitig verdeckter Reißverschluss

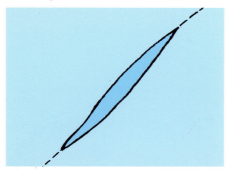

Den Reißverschlussfuß an der Nähmaschine einsetzen.
Nahtzugaben der beiden Stoffkanten, an denen der Reißverschluss eingesetzt wird, versäubern. Die Reißverschlusslänge einzeichnen. Die Naht zu beiden Seiten des Reißverschlusses schließen, Nahtzugaben auseinanderbügeln und die Stoffkanten an der Öffnung in gleicher Breite umbügeln. Den Reißverschluss öffnen und unter die umgebügelten Kanten heften, so dass die Zähnchen mit der Stoffkante abschließen.

Erst die linke Seite füßchenbreit bis etwa 3 cm vor Schluss steppen, Nadel gesenkt lassen, Nähfuß anheben und den Reißverschluss am Nähfuß vorbei schließen. Bis zum Ende steppen, den Stoff drehen und die Quernaht schließen. Den Stoff bei gesenkter Nadel wieder drehen und die rechte Reißverschlussseite steppen. Nach etwa 3 cm die Nadel gesenkt lassen, Nähfuß heben und den Reißverschluss am Nähfuß vorbei erneut öffnen. Die rechte Seite und die zweite Quernaht nähen.

Applizieren mit doppelseitigem Bügelvlies

Doppelseitiges Bügelvlies hat eine Papierseite und eine leicht glänzende Klebeseite und wird von beiden Seiten aufgebügelt: Da es durchscheinend ist, kann man es einfach über die Vorlage legen (Papierseite oben) und das Schnittteil mit Bleistift aufzeichnen. Bügelvlies großzügig zuschneiden und mit der glänzenden Seite auf die linke Stoffseite legen und von der Papierseite her aufbügeln. Das Motiv ausschneiden.
Anschließend das Papier vom Bügelvlies abziehen und das Motiv mit dieser Seite auf dem Trägerstoff platzieren. Die Applikation aufbügeln und mit einem engen Zickzackstich aufnähen.

Handstich: Blindstich

Gearbeitet wird von rechts nach links. Um einen Saum anzunähen, vom Einschlag aus die Nadel in den Oberstoff einstechen, ein bis zwei Fäden des Oberstoffes greifen und im Abstand von ca. 6 mm in den Einschlag einstechen.

Handstich: Heftstich

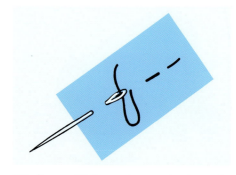

Mit diesem Stich werden zwei oder mehr Stofflagen zusammengehalten, bevor die Naht mit der Maschine gesteppt wird. Hierfür einfach von oben nach unten durch die Stofflagen stechen und ein Stückchen weiter von unten nach oben ausstechen.